EL CORAZÓN DEL HOMBRE

12 ESTUDIOS BÍBLICOS
SOBRE LA CONDICIÓN ESPIRITUAL
DEL CORAZÓN HUMANO

EDICIÓN DEL ALUMNO

Pastor Jeremy Markle

Los Ministerios de Andando en la PALABRA
Pastor Jeremy Markle
www,walkinginthewordministries.net

EL CORAZÓN DEL HOMBRE

12 ESTUDIOS BÍBLICOS
SOBRE LA CONDICIÓN ESPIRITUAL
DEL CORAZÓN HUMANO

Edición del Alumno

Segunda Edición

Publicado por Los Ministerios de Andando en la PALABRA
Walking in the WORD Ministries
www.walkinginthewordministries.net

Impreso en los Estados Unidos.

ISBN: 978-1947430303

INDICE

SECCIÓN 1
LA LIMPIEZA ESPIRITUAL DEL CORAZÓN

SECCIÓN 2
EL CRECIMIENTO ESPIRITUAL DEL CORAZÓN

SECCIÓN 3
LA INDOCILIDAD ESPIRITUAL DEL CORAZÓN

SECCIÓN 1

LA LIMPIEZA ESPRITITUAL DEL CORAZÓN

Salmos 51:7, 10, 12

Purifícame con hisopo, y seré limpio;
Lávame, y seré más blanco que la nieve.
Crea en mí, oh Dios, un corazón limpio,
Y renueva un espíritu recto dentro de mí.
Vuélveme el gozo de tu salvación,
Y espíritu noble me sustente.

La Maldad
en el Corazón
del Hombre

La Maldad en el Corazón del Hombre
(El Pecado del Hombre)

La maldad en el corazón del hombre comenzó desde el principio del tiempo. Porque cuando él estaba en el huerto de Edén decidió servirse a sí mismo y buscar el placer egoísta. En Génesis capítulo 3 encontramos la fuente de la maldad y el orgullo de toda la humanidad. Cuando Eva vio *"que el árbol era bueno para comer, y que era agradable a los ojos, y árbol codiciable para alcanzar la sabiduría; y tomó de su fruto, y comió; y dio también a su marido, el cual comió así como ella"* (Génesis 3:6). El principio de la maldad del hombre se concibió en el ambiente perfecto de la creación de Dios, pero era fundado en el deseo del hombre para cumplir su deseo personal. ¡Cómo de mala es la humanidad en su rebelión contra el Dios que lo ha creado, lo conserva, y lo ama! (I Juan 2:15-17). *(La pregunta # 1)*

No salte para juzgar a Adán y Eva tan rápidamente antes de que tenga en cuenta su propia vida. La Biblia dice, *"por cuanto todos pecaron, y están destituidos de la gloria de Dios"* (Romanos 3:23, I Juan 3:4). E Isaías 53:6 dice, *"Todos nosotros nos descarriamos como ovejas, cada cual se apartó por su camino . . ."* La Biblia está clara, cada persona ha decidido rebelarse contra Dios. ¡Cómo de malo y vil realmente es el hombre! Él ha vuelto su espalda rudamente en la cara de nuestro propio Creador decidiendo seguir el ego. *(Las preguntas # 2, 3)*

No debe ser ningún error, si el hombre va a tener el compañerismo con su Creador, tiene que ser perfecto como su Creador (I Pedro 1:15-16, I Juan 1:5-8). En Salmos 5:4-6 el Rey David dijo, *"Porque tú no eres un Dios que se complace en la maldad; El malo no habitará junto a ti. Los insensatos no estarán delante de tus ojos; Aborreces a todos los que hacen iniquidad. Destruirás a los que hablan mentira; Al hombre sanguinario y engañador abominará Jehová."* Por causa de la caída de la humanidad de su creación perfecta, Dios ha tenido que separarse de ésta. Ademas, el hombre pecador tiene que pagar el castigo por su pecado que es la muerte (Romanos 6:23). *(Las preguntas # 4, 5)*

Nada que el hombre haga puede hacerle perfecto. Y aún sus buenos esfuerzos y buenas obras terminan en pecado según Isaías 64:6 que dice, *"Si bien todos nosotros somos como suciedad, y todas nuestras justicias como trapo de inmundicia; y caímos todos nosotros como la hoja, y nuestras maldades nos llevaron como viento."* Considere la lista sencilla de los Diez Mandamientos que Dios había dado a los Israelitas para obedecerla. ¿Los ha guardado perfectamente? ¿Puede pasar un día sin romperlos, por lo menos, uno de ellos? Según Santiago 2:10, *"Porque cualquiera que guardare toda la ley, pero ofendiere en un punto, se hace culpable de todos."* Esto no está refiriéndose a solamente un día de su vida, está refiriéndose a su vida entera. ¿Puede decir honestamente que nunca ha pecado, ni una sola vez en su vida entera? I Juan 1:8 dice, *"Si decimos que no tenemos pecado, nos engañamos a nosotros mismos, y la verdad no está en nosotros."* Según Salmos 58:3 incluso a los niños *"se descarriaron hablando mentira desde que nacieron."* *"Por cuanto todos pecaron, y están destituidos de la gloria de Dios"* (Romanos 3:23). Cada uno de nosotros debe llegar a la conclusión de que no podemos encontrarnos al mismo nivel de perfección de Dios porque somos pecadores y Dios es santo (Jeremías 17:9-10). *(Las preguntas # 6, 7, 8)*

Dios ha demandado la santidad y la humanidad ha fallado. ¡Ah!, cuán desagraciada es. El hombre no tiene ninguna otra solución que clamar como hizo el profeta Isaías cuando dijo, *"¡Ay de mí que soy muerto!, porque siendo hombre inmundo de labios y habitando en medio de pueblo que tiene labios inmundos . . ."* (Isaías 6:5). Isaías no se detiene para expresar la verdad sobre su maldad, pero también encuentra una solución a esa maldad a través del poder de perdón y limpieza de Dios. Isaías 6:6-7 dice *"Y voló hacia mí uno de los serafines, teniendo en su mano un carbón encendido, tomado del altar con unas tenazas; Tocando con él sobre mi boca, dijo: He aquí que esto*

tocó tus labios, y es quitada tu culpa y limpio tu pecado."
También usted puede tener eliminados sus pecados si tiene la fe exclusivamente en Jesucristo (Juan 3:15-17, Romanos 10:9-10, Efesios 2:8-9, Filipenses 3:4-9, I Juan 1:9, I Corintios 15:1-4).
(Las preguntas # 9, 10, 11)

Romanos 3:23
Por cuanto todos pecaron,
y están destituidos de la gloria de Dios,

Romanos 6:23
Porque la paga del pecado es muerte,
mas la dádiva de Dios es vida eterna
en Cristo Jesús Señor nuestro.

Las Preguntas de Repaso

1. Génesis 3:1-6 (6), I Juan 2:15-17 - ¿Cómo era la tentación de Eva similar a las tres fuentes de tentación dado en I Juan 2:15-17?

   Deseos de la carne - _____

   _____

   Deseos de los ojos - _____

   _____

   Vanagloria de la vida - _____

   _____

2. Romanos 3:23 - ¿Quién ha caído en la tentación y ha pecado? _____

   I Juan 3:4 - ¿Qué es el pecado? _____

   _____

   ¿Ha cometido un pecado alguna vez? _____

3. Isaías 53:6 - ¿Ha hecho su voluntad en su vida en lugar de obedecer a Dios? _____

4. I Pedro 1:15-16, I Juan 1:5-8, Salmos 5:4-6 - ¿Puede Dios tener compañerismo con el pecador?

   _____

5. Romanos 6:23 - Si gana $400 por semana por las 40 horas que ha trabajado, consideraríamos que es el pago que merece. ¿Qué merece en su vida de pecado según la Biblia? _____

6. Isaías 64:6 - Escriba la "MEJOR OBRA" que ha hecho alguna vez. _____
   ¿Cuál es esa "OBRA BUENA" comparado con la santidad de Dios? _____
   ¿Cuán bueno tiene que ser para igualarse a Dios?
   _____

7. Santiago 2:10 - ¿Cuánto de la ley perfecta de Dios sería culpable de violar? _____

8. I Juan 1:8, Salmos 58:3, Romanos 3:23 - ¿Ha hecho pecado en su vida? _____

9. Isaías 6:5 - ¿Es usted pecador? _____
   ¿Ha pecado alguna vez con su boca? _____
   (También vea Jeremías 17:9-10)

10. Isaías 6:6-7 - ¿Está interesado en la limpieza de Dios por sus pecados? _____

   *Si ha contestado "sí" por la pregunta #10,
   pase a contestar la #11.

11. Juan 3:15-18, Efesios 2:8-9, Filipenses 3:4-9, I Juan 1:9 - Tiene que tener la fe únicamente en la muerte de Jesucristo, Su sepultura, y Su resurrección como el único pago por sus pecados y en la vida eterna para recibir el perdón de Dios (I Corintios 15:1-4). ¿Aceptará el regalo libre de Dios ahora mismo por simplemente confiar en Jesucristo? Su declaración de confianza tiene que ser de un corazón quebrantado y no sólo palabras de su boca (Romanos 10:9-10).

Si le ha dicho a Dios que quiere Su limpieza, por qué no apuntar exactamente su petición a Él. Estimado Dios, _____

_____
_____
_____
_____
_____
_____
_____
_____
_____
_____
_____
_____
_____
_____

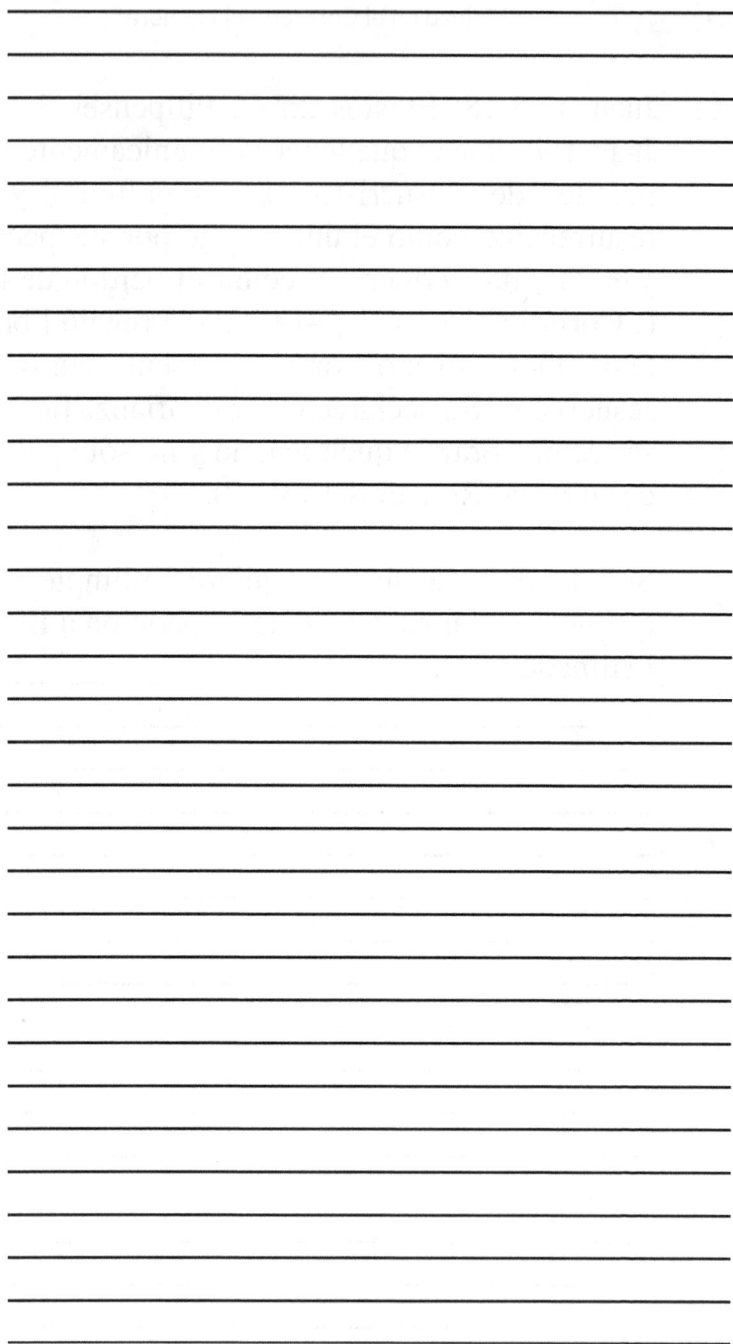

El **Valor**
del Corazón
del Hombre

El Valor del Corazón del Hombre
(El Pago de Dios por el Pecado)

El valor de un objeto puede ser determinado por dos sistemas de valores diferentes. El primer sistema se enfoca en el propio objeto. Por ejemplo, un objeto que es nuevo, brillante o al parecer de buena calidad puede merecer mucho dinero, en comparación con un objeto que es viejo, feo o de mala calidad, el valor puede ser mucho menos. Este sistema de valor puede llevar a precios muy-abajo o muy-arriba de lo justo porque está basado simplemente en la apariencia. Este tipo de sistema se usa en un concesionario de carros usados. Un comprador no se inclina a comprar el carro viejo, feo y de mala calidad, por consiguiente el vendedor puede tomar un carro viejo y puede lavarlo o incluso puede darle un nuevo trabajo de pintura, sólo para hacer la venta. Sabe que un comprador promedio tiene muchas otras opciones y que su carro debe parecer bueno o nunca hará la venta, porque mayormente ésta absolutamente es basada en la apariencia. Sin embargo, el verdadero valor del carro está basado en la confiabilidad para la transportación. Pero, como el comprador común no puede determinar el verdadero valor, puede basar su opinión solamente en la apariencia exterior.

Si Dios fuera a usar este sistema de valor para comprar al hombre en el mercado de esclavos del pecado, éste nunca se compraría. Hemos visto en la lección anterior, "La Maldad en el Corazón del Hombre," que es sin valor y vil (Jeremías 17:9-10, I Samuel 16:7). Así como no desearía pagar cualquier precio por el carro que es viejo, feo y de mala calidad, así Dios, basado en este proceso de decisión, no debe desear pagar cualquier precio por un hombre que es viejo, feo y de mala calidad. Porque ningún hombre desearía gastar su dinero en basura, tendríamos que llegar a la conclusión que basado en este sistema de valor, el hombre es sin valor. Alabe a Dios que Él no usa este sistema de valor y decisión solamente, sino suma a ella una adicional figura a la ecuación que se encuentra en el segundo sistema de valor. *(La pregunta # 1)*

El segundo sistema de valor se enfoca más en el comprador que en el objeto por comprarse. La ecuación de valor se cambia para contener "el deseo." Es deseo que cambia un comprador promedio de un carro común a un comprador interesado por uno en específico. Este sistema de valor puede ser ilustrado por una subasta. En una subasta alguien puede encontrar objetos viejos, raquíticos y aparentemente inútiles que se venden por mucho dinero. Estos objetos no son a menudo valiosos, sino por su novedad (porque a veces son tan viejos). Pero, porque el comprador ve un valor en ellos y desea tenerlos, está listo para pagar cualquier precio necesario para ser dueño de este objeto. Este sistema de valor es el que Dios usa para determinar el valor de un hombre. Dios *"quiere que todos los hombres sean salvos y vengan al conocimiento de la verdad"* (I Timoteo 2:4, II Pedro 3:9). Así que ofreció el precio más alto posible para asegurar que todos aquellos que quieran aceptar Su pago puedan ser una de Sus propias posesiones preciosas, Su Hijo unigénito (I Corintios 6:20, 7:23, Filipenses 2:5-8, I Juan 4:9-10). Porque este sistema de valor es basado en el comprador, el objeto podría ser de ningún valor y todavía el valor dado sería bastante alto porque éste es basado en el verdadero precio pagado por el objeto. Permítanos tener una mirada en cuánto a lo que Dios valora en cada uno de Sus seres creados (Lucas 12:6-7, 22-32). *(Las preguntas # 2, 3, 4)*

Jeremías 17:9-10 dice que *"Engañoso es el corazón más que todas las cosas, y perverso; ¿quién lo conocerá?"* (Isaías 64:6-7). Ningún hombre podría demandar que él merece la muerte de otro hombre, porque cada hombre es malo y sin valor (Romanos 5:6-8, Efesios 2:1-5, 8-9). Sino Dios, porque de Su gran amor, pagó un precio que las cosas de este mundo no harían (I Pedro 1:18-21). Romanos 5:6-8 dice, *"Porque Cristo, cuando aún éramos débiles, a su tiempo murió por los impíos. Ciertamente, apenas morirá alguno por un justo; con todo, pudiera ser que alguno osara morir por el bueno. Mas Dios muestra su amor para con nosotros, en que siendo aún pecadores, Cristo murió por nosotros.*" Dios envió a Su Hijo, Jesucristo, para pagar con Su propia sangre por el alma del hombre que está enfermo de pecado (Juan 3:16, Romanos 5:8-10, II Corintios 5:21, Hebreos 9:14, 22, 26-28). *(Las preguntas # 5, 6, 7)*

Basado en el sistema de valor de Dios, cada individuo merece el valor de la sangre de Jesús (I Juan 2:1-2, 4:9-10). Porque Dios puso un gran valor en cada uno de nosotros, ¿aceptará Su sistema de valor y que Él pagó por usted y sus pecados? Si le niega, está negándose al más grande regalo dado alguna vez: ¡El propio Dios! ¡Ah, cuán maravilloso es reconocer que Dios me amó tanto (Romanos 5:8, Efesios 2:1-5)! Dios nos ha invitado a todos a aceptar Su regalo de salvación, no es parcial o prejuicio (Mateo 28:18-20, Romanos 10:12-13, Apocalipsis 5:9), sino es particular. Tiene que venir al Padre a través del Hijo (Juan 14:6-7, I Timoteo 2:3-6). Él es particular en que tiene que confiar únicamente en Jesucristo para su salvación (Efesios 2:8-9). El regalo de Dios que es la salvación se ofrece a cada uno (Juan 3:16, Romanos 6:23). Dios *"no queriendo que ninguno perezca, sino que todos procedan al arrepentimiento"* (II Pedro 3:9, Hebreos 9:24-28). *(Las preguntas # 8, 9, 10, 11, 12, 13, 14)*

I Juan 4:9-10

En esto se mostró el amor de Dios para con nosotros,
en que Dios envió a su Hijo unigénito al mundo,
para que vivamos por él.
En esto consiste el amor:
no en que nosotros hayamos amado a Dios,
sino en que él nos amó a nosotros,
y envió a su Hijo en propiciación por nuestros pecados.

Las Preguntas de Repaso

1. Jeremías 17:9-10 - ¿Su corazón es naturalmente bueno o perverso? _____
I Samuel 16:7 - ¿Dónde Dios mira para juzgarle a usted? _____

2. I Timoteo 2:4, II Pedro 3:9 - ¿A quién quiere Dios que se arrepienta y acepte a Jesucristo como su Salvador para que Él pueda pagar su deuda del pecado? _____

3. I Corintios 6:20, 7:23, Filipenses 2:5-8, I Juan 4:9-10 - ¿Qué precio pagó Dios para que usted sea librado de la multa del pecado? _____
_____

4. Lucas 12:6-7, 22-32 - ¿Dios considera su vida valerosa? _____

5. Isaías 64:6-7, Jeremías 17:9-10, Romanos 5:6-12, Efesios 2:1-5, 8-9 - ¿Es usted lo suficientemente bueno para pagar por su propia deuda de pecado por:
¿Hacer buenas obras? _____
¿Ir a la iglesia? _____
¿Ayudando al enfermo? _____

23

6. Juan 3:15-18 Romanos 5:6-10, II Corintios 5:21 - ¿Quién es capaz y ha pagado por su deuda del pecado? _____

7. I Pedro 1:18-21, Hebreos 9:14, 22, 26-28 - ¿Qué precio pagó Jesucristo para hacerle libre del pecado? _____

8. I Juan 2:1-2, 4:9-10 - ¿Para quién fue pagada la sangre de Jesucristo? _____

9. Romanos 5:8, Efesios 2:1-5 - ¿En cuál condición estaba usted cuando Cristo murió en su lugar? __
_____

10. Mateo 28:18-20, Romanos 10:12-13 - ¿Dios tiene prejuicio contra cualquier persona? _____
Apocalipsis 5:9 - ¿Quienes estarán en el cielo después de la salvación?
Todo _____
Toda _____
Todo _____
Toda _____

11. Juan 14:6-7, I Timoteo 2:3-6 - ¿Quién es la única fuente de salvación? _____

12. Efesios 2:8-9

    8 porque por _____ sois salvos por medio de la
    ___; y esto no de _____, pues es ___ de Dios.
    9 No por _____, para que _____ se _____,

13. Juan 3:16, Romanos 6:23 - ¿Ha aceptado el regalo
    de Dios de vida eterna a través de la muerte,
    sepultura y resurrección de Jesucristo? _____

14. II Pedro 3:9, Hebreos 9:24-28 - ¡Dios quiere que
    cada uno sea rescatado de la separación eterna de
    Él, en el infierno! Si no pudiera contestar "sí" por
    la pregunta #13, por qué no acepta el pago de
    Jesucristo ahora mismo para sus pecados? _____

    Hechos 2:21b - *"Y todo aquel que invoque el
    nombre del Señor, será salvo."*

El Llanto
del Corazón
del Hombre

El Llanto del Corazón del Hombre
(El Arrepentimiento para Salvación)

La escritura enseña claramente que el corazón del hombre está lleno de maldad (Jeremías 17:9-10, Efesios 2:1-3) y que solamente por el amor personal de Dios para con éste, Él pagó el precio por esa maldad en lugar del hombre, para que no pase toda la eternidad en el infierno (Romanos 5:6-8, I Juan 4:9-10, I Corintios 15:1-9, I Pedro 2:21-25). Debido al regalo de amor de Dios, el hombre debe estar lleno de alivio y alegría con la aceptación del regalo libre de vida eterna y del perdón (Juan 10:10). Pero, antes de que esa alegría pueda venir, y antes de que esa libertad pueda ser su experiencia, tiene que haber llanto o arrepentimiento (Salmos 51:1-4, Hechos 3:19, II Corintios 7:9-11). Este llanto es producto de la realización de la rebelión y pecado del hombre contra Dios Quien es Santo, Virtuoso y Amoroso (Isaías 6:1-5). Este llanto o arrepentimiento debe arraigarse en el alma del hombre, no sólo por una apariencia exterior de emociones. Por ejemplo, En Salmos 32:1-5 y Salmos 51:1-12 David lloró debido a la culpa por sus pecados y pidió a Dios misericordia. Él dijo, *"Ten piedad de mí, oh Dios, conforme a tu misericordia; Conforme a la multitud de tus piedades borra mis rebeliones. Lávame más y más de mi maldad, Y límpiame de mi pecado. Porque yo reconozco mis rebeliones, Y mi pecado está siempre delante de mí. Contra ti, contra ti solo he pecado, Y he hecho lo malo delante de tus ojos; Para que seas reconocido justo en tu palabra, Y tenido por puro en tu juicio"* (Salmos 51:1-4). Así que un pecador debe aceptar la realidad de su maldad, mientras está produciendo un espíritu que es totalmente contrito. *(Las preguntas # 1, 2, 3, 4, 5, 6, 7)*

A menudo, el llanto se relaciona con un arranque emocional, una expresión de gran dolor en los pensamientos de un individuo, emociones y vida. Aunque esta forma de llorar puede ser parte del proceso de hacerse correcto con Dios, no es la raíz del arrepentimiento espiritual. Un llanto necesitado, más que un despliegue exterior de tristeza, es el llanto espiritual. El llanto espiritual verdadero es arrepentimiento que dice *"Mi pecado te declaré y no encubrí mi iniquidad. Dije: 'Confesaré mis rebeliones a Jehová,' y tú perdonaste la maldad de mi pecado"* (Salmos 32:5, I Juan 1:8-9). Este llanto sólo puede venir de un hombre que comprende su inutilidad y la grandeza de Dios, y debe continuar con el reconocimiento de que un gran precio se pagó por su alma perdida por Dios mismo a través de Cristo Jesús. *(La pregunta # 8)*

Lucas 7:36-50 presenta el ejemplo de un llanto externo arraigado en una realización espiritual y apreciación por Cristo. Aquí una mujer pecadora lavó los pies de Cristo con perfume, lágrimas y su propio pelo, solamente porque reconoció que ese Cristo era su única fuente de salvación. Ella expresó el arrepentimiento de su corazón en un despliegue público. Sin embargo, esta acción no era el aspecto más importante en la vida de esta mujer. Más bien, reconoció a Jesucristo como su Salvador. Ella estaba deseosa de mostrarle a Él su adoración porque comprendió que solamente en Él su condición perdida fue resuelta.

En Hechos 16:22-34 encontramos un segundo ejemplo de un llanto espiritual. En este caso encontramos un guardia que había custodiado a Pablo como prisionero, y creyó bajo la convicción del Espíritu Santo. La reacción del guardia a la convicción de Dios se ve cuando se postró a los pies de Pablo y dijo, "*¿qué debo hacer para ser salvo?*" (Hechos 16:30). Por favor, note que la contestación inmediata de Pablo fue, "*Cree en el Señor Jesucristo, y serás salvo tú y tu casa*" (Hechos 16:31). La necesidad que este hombre tenía de ser salvo no podría ser satisfecha por el poder de Pablo, sino sólo a través de la aceptación de Cristo como Salvador personal (Romanos 8:1, 10:13). ¿Se ha arrepentido usted de su gran pecado contra Dios y le ha pedido que lo perdone?

La alegría de recibir al Señor es experimentada después que el llanto del arrepentimiento se completa (Salmos 51:12, Romanos 15:13, II Corintios 7:9-10). El gozo de la salvación se fundamenta en la promesa de que sus pecados son perdonados y que tiene un hogar en el cielo con Dios por toda la eternidad (I Juan 5:13, Romanos 8:18). *(Las preguntas # 9, 10)*

II Pedro 3:9

El Señor no retarda su promesa,
según algunos la tienen por tardanza,
sino que es paciente para con nosotros,
no queriendo que ninguno perezca,
sino que todos procedan al arrepentimiento.

Las Preguntas de Repaso

1. Jeremías 17:9-10, Efesios 2:1-3 - ¿Cuál es la condición de un incrédulo? _____

2. Romanos 5:6-8, I Juan 4:9-10 - ¿Quién ha pagado la multa por el pecado? _____

3. I Corintios 15:1-4, I Pedro 2:21-25 - ¿Qué tenía que hacer Jesús para pagar por su pecado? _____

4. Juan 10:10 - ¿Qué tipo de vida Dios quiere para usted? _____

5. Salmos 51:1-4, Hechos 3:19, II Corintios 7:9-11 - ¿Cuál debe ser la causa de su tristeza antes que pueda experimentar la alegría de la salvación?

   ¿Cuál tipo de tristeza debe tener? _____

6. Isaías 6:1-5, Salmos 51:1-4 - ¿Ha reconocido su condición pecadora? _____
   (También vea Lucas 7:36-50, Hechos 16:22-34)

7. Salmos 32:1-5, 51:1-12 - ¿Le ha **pedido** perdón a Dios de su condición como pecador? _____

8. Salmos 32:5, I Juan 1:8-9 - ¿Ha **aceptado por completo**, el perdón de Dios para su pecado? ___

(También vea Romanos 8:1, 10:13)

9. Salmos 51:12, II Corintios 7:9-10, Romanos 15:13, I Juan 5:13 - Si está seguro de su salvación, ¿está usted disfrutando la alegría que viene de saber su destino eterno? _____

10. Romanos 8:18
   18 Pues tengo por cierto que las _____ del tiempo _____ no son comparables con la _____ _____ que en nosotros ha de manifestarse.

¡ADVERTENCIA!

CEDA

¡NO VAYA ADELANTE SIN UNA CUIDADOSA CONSIDERACIÓN!

UN TIEMPO PARA REFLEXIONAR

Antes que continúe adelante, lo invito a reflexionar en las últimas tres lecciones que se le han presentado a usted. ¿Las ha entendido? ¿Tiene alguna pregunta sobre lo que se dijo? Y si es así, por favor, inmediatamente póngase en contacto con su pastor o el individuo que está compartiendo estas lecciones con usted y presente sus preguntas a ellos para que pueda tener una comprensión clara del regalo de Cristo que es la salvación para usted.

Si no tiene ninguna pregunta y no ha aceptado a Cristo todavía como su salvador, ¿por qué no lo acepta hoy (Proverbios 27:1, II Corintios 6:2)? Es tan simple, tiene que estar de acuerdo con Dios y creer en Dios. Primero, ¿está de acuerdo que es un pecador (Romanos 3:23)? Segundo, ¿está de acuerdo que su pecado lo enviará al infierno (Romanos 6:23)? Tercero, ¿cree que Dios le ama tanto que envió a Su Hijo para morir por sus pecados (Juan 3:14-17) y que es la única fuente de su salvación personal (Romanos 3:23-28)? ¿Aceptará el regalo libre de Dios de salvación personal simplemente por confiar en la muerte de Cristo en la cruz, como la única solución a su pecado y el destino eterno del infierno (Romanos 5:6-10)?

Romanos 10:9-13

Si confiesas con tu boca que Jesús es el Señor
y crees en tu corazón
que Dios lo levantó de entre los muertos,
serás salvo,
porque con el corazón se cree para justicia,
pero con la boca se confiesa para salvación.
La Escritura dice:
"Todo aquel que en él cree, no será defraudado,"
porque no hay diferencia entre judío y griego,
pues el mismo que es Señor de todos,
es rico para con todos los que lo invocan;
ya que todo aquel que invoque el nombre del Señor,
será salvo.

El Lavado del Corazón del Hombre

El Lavado del Corazón del Hombre
(La Confesión y el Perdón)

En el proceso de la vida cotidiana, cada uno se ensucia y necesita lavarse físicamente. La industria médica ha reconocido la importancia de la limpieza y reconoce que una herida que está sucia y llena de gérmenes infecciosos debe purificarse antes de que pueda sanar propiamente.

La vida espiritual no tiene ninguna diferencia en referencia a la limpieza. Si ha completado las lecciones anteriores, puede recordar que el hombre es malo, sucio y vil (Jeremías 17:9-10, Romanos 3:10-18, 23). También puede recordar que Cristo pagó por su maldad en la cruz y todo lo que debe hacer para apropiarse de ese pago es tener fe únicamente en Él (Romanos 10:9-10, Efesios 2:8-9). Si ha aceptado a Cristo como su salvador, ha recibido la limpieza de sus pecados en su vida. Isaías 1:18 ilustra esta verdad bíblica declarando *"Venid luego, dice Jehová, y estemos a cuenta: aunque vuestros pecados sean como la grana, como la nieve serán emblanquecidos"* (Salmos 51:1-12). En II Corintios 5:17, el apóstol Pablo nos permite entender una verdad aún mayor. Dice de la salvación que; *"De modo que si alguno está en Cristo, nueva criatura es: las cosas viejas pasaron; todas son hechas nuevas"* (II Corintios 5:17-21). *(Las preguntas # 1, 2, 3, 4)*

Dios no desea que continúe llevando la suciedad de este mundo a través de su vida (Romanos 6:1-2, 15, Tito 2:11-14). Por consiguiente, Dios no sólo provee el perdón por su pecado y la salvación, pero I Juan 1:9 le da la seguridad de que puede venir a Dios cada vez que ha pecado por decir, *"Si confesamos nuestros pecados, él es fiel y justo para perdonar nuestros pecados, y limpiarnos de toda maldad."* La misma sangre de Cristo que le salvó de la muerte y el infierno tiene el poder para pagar por sus pecados diarios (Romanos 6:11-18). Para recibir el perdón por su pecado, debe confesarlo simplemente a Dios. Confesión es el estar de acuerdo con Dios de que es verdaderamente pecador y se compromete con Él (II Corintios 7:9-10). Dios le promete Su fidelidad y Su justicia cada vez que confiese sus pecados. Basado en la fidelidad de Dios y Su

41

justicia, puede asegurar que Dios le perdonará, y que nunca le guardará rencor, sino que Él ha quitado sus pecados *"cuanto está lejos el oriente del occidente, hizo alejar de nosotros nuestras rebeliones"* (Salmos 103:8-12). *(Las preguntas # 5, 6, 7, 8, 9, 10)*

I Juan 1:9
Si confesamos nuestros pecados,
él es fiel y justo
para perdonar nuestros pecados,
y limpiarnos de toda maldad.

Las Preguntas de Repaso

1. Jeremías 17:9-10, Romanos 3:10-18, 23 - ¿Antes de la salvación es usted espiritualmente justo o injusto? _____

2. Efesios 2:8-9, Romanos 10:9-10 - ¿Cómo recibió la salvación a través de Jesucristo? _____

3. Isaías 1:18, Salmos 51:1-12 - ¿A qué se parecía su pecado antes de aceptar a Cristo como su salvador?

   _____

   ¿A qué se parece su pecado después de aceptar a Cristo como su salvador? _____

   _____

4. II Corintios 5:17-21 - ¿Qué significa ser hecho de nuevo? _____

   _____
   _____
   _____

5. Romanos 6:1-23 (1-2, 15), Tito 2:11-14 - ¿Quiere Dios que usted peque constantemente porque sabe que Él le perdonará? _____

6. I Juan 1:9 - ¿Tiene Dios el poder para perdonar su pecado luego de la salvación? _____

    ¿Qué Dios le promete si confiesa sus pecados a Él?

    _____

7. Romanos 6:11-18 - ¿Quién le puede ayudar a vencer el pecado en su vida Cristiana? _____

8. II Corintios 7:9-10 - ¿Qué produce el arrepentimiento (la tristeza) según Dios? _____

    _____

    ¿Qué produce el arrepentimiento (la tristeza) mundano? _____

9. Salmos 103:8-12 - ¿Cuán lejos de usted estarán sus pecados, si los confiesa a Dios y Él los quita?

    _____

    _____

    _____

**¿¿Hay pecados por los que debe pedir perdón
en este momento??**

SECCIÓN 2

EL CRECIMIENTO ESPIRITUAL DEL CORAZÓN

Lección 1
El Caminar del Corazón del Hombre
(La Obediencia / La Vida de Fe)

Lección 2
La Disposición del Corazón del Hombre
(El Bautismo y la Membresía de la Iglesia)

Lección 3
El Crecimiento del Corazón del Hombre
(El Crecimiento Cristiano)

Lección 4
La Adoración del Corazón del Hombre
(La Glorificación de Dios)

Salmos 51:7, 10, 12
Purifícame con hisopo, y seré limpio;
Lávame, y seré más blanco que la nieve.
Crea en mí, oh Dios, un corazón limpio,
Y renueva un espíritu recto dentro de mí.
Vuélveme el gozo de tu salvación,
Y espíritu noble me sustente.

El Caminar
del Corazón
del Hombre

El Caminar del Corazón del Hombre
(La Obediencia / La Vida de Fe)

La humanidad ha estado caminando por caminos planificados desde el principio del tiempo. Sólo por el trabajo de individuos como Daniel Boone que marcó los caminos a través de la frontera de los Estados Unidos, hubo en esto continuidad y progreso. Los caminos físicos son importantes para el viajero que lo llevan seguro a su destino apropiado. Este mismo principio se usa al hablar del PASEO ESPIRITUAL de un individuo. Cada creyente debe decidir cual camino va a tomar. Nos advierte en Mateo 7:13-14, *"Entrad por la puerta estrecha; porque ancha es la puerta, y espacioso el camino que lleva a la perdición, y muchos son los que entran por ella; porque estrecha es la puerta, y angosto el camino que lleva a la vida, y pocos son los que la hallan"* (Juan 10:7-10, 14:6-7). Cada creyente es el que decide entrar a través de la puerta estrecha de fe cuando acepta a Cristo como su Salvador personal y la única manera de salvación. Pero, aún los creyentes pueden desviarse del camino estrecho de fe, porque éste le parece duro y solitario (I Timoteo 4:1, Proverbios 4:23-27, Efesios 5:15-16). Debido a la dificultad de este camino por ser angosto, algunos creyentes se distraerán de continuar en el camino recto y se volverán por caminos laterales que parecen más fáciles, pero llevan a la destrucción (Hebreos 11:25, Proverbios 14:12, Santiago 1:12-15, Génesis 2:16-17). ¡Cuánto más bien para el creyente considerar el estímulo del Apóstol Pablo a Timoteo cuando dijo, *"Pelea la buena batalla de la fe . . ."* (I Timoteo 6:12, Efesios 6:10-18)! Por favor, entienda que después de entrar por la puerta de fe que conduce a la salvación y que nunca perdería (I Juan 5:13), se puede apartar de una vida cristiana apropiada si empieza a amar las cosas del mundo (II Timoteo 4:10, I Juan 2:15-17). *(Las preguntas # 1, 2, 3, 4, 5, 6)*

El Apóstol Pablo usó la ilustración de cómo un corredor actúa en una carrera para explicar cómo buscó estar enfocado y así completar su vida espiritual para el honor y la gloria de Dios. El dijo en I Corintios 9:24-27, *"¿No sabéis que los que corren en el estadio, todos a la verdad corren, pero uno solo se lleva el*

49

premio? Corred de tal manera que lo obtengáis. Todo aquel que lucha, de todo se abstiene; ellos, a la verdad, para recibir una corona corruptible, pero nosotros, una incorruptible. Así que, yo de esta manera corro, no como a la ventura; de esta manera peleo, no como quien golpea el aire, sino que golpeo mi cuerpo, y lo pongo en servidumbre, no sea que habiendo sido heraldo para otros, yo mismo venga a ser eliminado." Así, como creyente, debe también quedarse enfocado en su destino que es conformarse a la imagen de Jesucristo (Romanos 8:28-29, Filipenses 2:5-7, II Timoteo 4:7-8). *(Las pregunta # 7, 8)*

Hebreos 11 presenta a varios individuos fieles que por su fe experimentaron la fortaleza de Dios. Hebreos 12:1-3 sigue esta lista diciendo, *"Por tanto, nosotros también, teniendo en derredor nuestro tan grande nube de testigos, despojémonos de todo peso y del pecado que nos asedia, y corramos con paciencia la carrera que tenemos por delante, puestos los ojos en Jesús, el autor y consumador de la fe, el cual por el gozo puesto delante de él sufrió la cruz, menospreciando el oprobio, y se sentó a la diestra del trono de Dios. Considerad a aquel que sufrió tal contradicción de pecadores contra sí mismo, para que vuestro ánimo no se canse hasta desmayar."* *(La pregunta # 9)*

¿Usted está dispuesto a comprometerse para vivir por la fe según la Palabra de Dios (Habacuc 2:4, Romanos 10:17, II Corintios 5:7)? ¿Atravesará su vida espiritual confiando en Dios en lugar de sus propias habilidades (Hebreos 11:1, 6)? *(Las preguntas # 10, 11, 12)*

* Un libro que podría leer y de animarlo en su paseo cristiano es *El Progreso de Peregrino*.

II Corintios 5:7
(porque por fe andamos, no por vista);

Las Preguntas de Repaso

1. Mateo 7:13-14 - Describa el camino que lleva a la perdición (destrucción). _____

   ¿Cuántas personas siguen el camino que lleva a la destrucción? _____

   Describa el camino que lleva a la vida. _____

   _____

   ¿Cuántas personas siguen el camino que lleva a la vida? _____

2. I Timoteo 4:1 - ¿Qué dice Dios respecto a los *"postreros tiempos?"* _____

   _____

   Proverbios 4:23-27 - ¿Cómo debe vivir para que no se desvíe del camino correcto? _____

   _____

   (También vea Efesios 5:15-16)

3. Hebreos 11:25 - ¿Por cuánto tiempo dura el gozo del pecar? _____
   Proverbios 14:12 - ¿Qué sucede cuando el hombre sigue sus propios caminos? _____
   Santiago 1:12-15 - ¿Cuál es el resultado del pecado? _____
   (También vea Génesis 2:16-17)

4. I Timoteo 6:12 - ¿Qué debe luchar usted para conservar su vida espiritual? _____

_____

(También vea Efesios 6:10-18)

5. I Juan 5:13 - ¿Quiere Dios que usted sepa con seguridad que tiene la vida eterna? _____

6. II Timoteo 4:10, I Juan 2:15-17 - ¿Contra qué se le advierte a usted? _____

7. I Corintios 9:24-27 - ¿Por qué Pablo deseó permanecer fiel a Dios en su paseo cristiano y ministerio? _____

_____

8. Romanos 8:28-29 - ¿A qué imagen Dios quiere que usted se parezca? _____
(También vea Filipenses 2:5-7)
II Timoteo 4:7-8 - ¿Cuál es el premio de guardar la *"fe?"* _____

9. Hebreos 12:1-3 - ¿Quién es *"el autor y consumador de la fe?"* _____
¿Qué estímulos este pasaje le da personalmente para su vida de fe? _____

10. Habacuc 2:4a - ¿Cómo vive su vida una persona que no es recta? _____

    _____

    Habacuc 2:4b, II Corintios 5:7 - ¿Cómo vive su vida una persona justa? _____
    (Romanos 10:17 - La fe que vale siempre está fundada en la instrucción de la Palabra de Dios.)

11. Hebreos 11:1 - ¿Es la fe para ver físicamente y entender todas las circunstancias de la vida? ____

12. Hebreos 11:6
    6 Pero sin _____ es imposible _____ a Dios; porque es necesario que el que se _____ a _____
    _____ que le hay, y que es _____ de los que le _____.

LECCIÓN 2

La Disposición
del Corazón
del Hombre

La Disposición del Corazón del Hombre
(El Bautismo y la Membresía de la Iglesia)

Dios ha dirigido a los hombres para obedecerle de muchas maneras diferentes a través de la historia. Un ejemplo de aquéllos que han estado deseosos para obedecerlo se encuentra en Hebreos capítulo 11. Algunos de estos individuos fieles sufrieron mal trato debido a su obediencia. Todavía Dios los encomienda porque en su obediencia mostraron su amor para con Él y fe en Él (Santiago 2:17-20, Juan 14:15). *(La pregunta # 1)*

Según el libro de Hechos, aquéllos que confiaron en Jesucristo como su Salvador personal siguieron su conversión con dos pasos específicos de obediencia para proclamar al mundo entero que habían sido seguidores de Él.

Primero, los nuevos creyentes fueron bautizados inmediatamente después de su salvación (Hechos 2:37-47, 8:27-40). También, una orden se dio a todos los creyentes de Jesucristo: *"Por tanto, id, y haced discípulos a todas las naciones, bautizándolos en el nombre del Padre, y del Hijo, y del Espíritu Santo; enseñándoles que guarden todas las cosas que os he mandado; y he aquí yo estoy con vosotros todos los días, hasta el fin del mundo. Amén"* (Mateo 28:18-20). Esta orden se da a todos los creyentes para mostrar al mundo, primero: la importancia de la salvación a través de Cristo para el perdido, y segundo: mostrar a aquéllos que lo aceptaron como Salvador que deben decirle al mundo entero que son seguidores de Jesucristo. El bautismo no tiene poder para salvar. Por ejemplo, Jesucristo no necesitaba la salvación, pero se bautizó para demostrar que estaba en obediencia a Dios el Padre y separado del mundo (Mateo 3:13-17). Así que los seguidores de Jesucristo deben bautizarse luego de su salvación para demostrar que están separados del mundo como hizo Jesús (Romanos 6:1-15, II Corintios 6:14-18, Santiago 4:8, I Pedro 2:11-12). ¿Está dispuesto usted en demostrarle a aquellos a su alrededor que ha confiado en Jesús como su Salvador? ¿Está dispuesto a testificarle a otros identificándose con la muerte, sepultura, y resurrección de Jesús como el pago por su pecado y su destino eterno? *(Las preguntas # 2, 3, 4, 5)*

Segundo, encontramos en Hechos que después del bautismo, ellos estaban reunidos en la iglesia (local) (Hechos 2:41). (La manera que lo expresamos hoy quiere decir que es "ser miembro de la iglesia.") Dios ha designado que desde el tiempo de la resurrección de Jesucristo hasta Su retorno, la iglesia local debe ser la fuente de estímulo y enseñanza sobre Él y de la vida cristiana a través de las Escrituras (Hebreos 10:23-25). Dios también ha designado que los líderes de la iglesia deben enseñar a los creyentes e instruirles de cómo hacer *"la obra del ministerio"* (Efesios 4:11-16). También, en el capítulo 2 de Tito, Dios da la instrucción a todos aquéllos que sean espiritualmente maduros a enseñar y ayudar a los que son jóvenes. Así que puedes ver que Dios tiene una razón para desear que los nuevos creyentes se unan a una iglesia piadosa. *(Las preguntas # 6, 7, 8, 9)*

¿Está usted dispuesto a obedecerle uniéndose a una iglesia local que lo ayudará a aprender más sobre Dios y animarle a que viva una vida piadosa (Santiago 4:17)? *(Las pregunta # 10)*

Santiago 4:17
Y al que sabe hacer lo bueno,
y no lo hace,
le es pecado.

Las Preguntas de Repaso

1. Santiago 2:17-20 - ¿Cuál es la expresión de la fe verdadera? _____
   Juan 14:15 - ¿Cuál es la expresión del amor verdadero? _____

2. Hechos 2:37-47 - ¿Qué hacían con prontitud los nuevos creyentes? _____
   Hechos 8:26-40 - ¿Qué le dijo Felipe al eunuco Etíope tenía que hacer antes de poder bautizarse?

   _____

   ¿En Quién creyó el eunuco? _____
   ¿Felipe y el eunuco **entraron en** el agua? _____

3. Mateo 28:18-20 - ¿En el nombre de quién es bautizado un creyente? _____

   _____

4. Mateo 3:13-17 - ¿Con quién se identifican los creyentes cuándo se bautizan? _____

5. Romanos 6:1-15, II Corintios 6:14-18, Santiago 4:8, I Pedro 2:11-12 - ¿De qué debe separarse?

   _____

   ¿A quién debe acercarse? _____

6. Hechos 2:41 - ¿Qué dos cosas tuvieron lugar antes de que las personas se agregaran a la iglesia?
   1. _____
   2. _____

7. Hebreos 10:23-25 - ¿Debe usted reunirse/compartir con sus compañeros creyentes?
   _____

   ¿Por qué usted debe reúnirse/compartir con los otros creyentes? _____
   _____

8. Efesios 4:11-12 - ¿Con qué fin trabajan los líderes de la iglesia?
   a. *A fin de _____ [madurar] a los santos*
      i. *Para la _____ del ministerio*
      ii. *Para la _____ del cuerpo de Cristo*

9. Efesios 4:13-16 - ¿Cuáles son algunos de los beneficios de estar en una iglesia local?
   a. (Vrs 13)
      i. *Hasta que todos lleguemos a la _____ de la fe*
      ii. *Hasta que todos lleguemos . . . del _____ del Hijo de Dios*
      iii. *Hasta que todos lleguemos . . . a un varón _____ [maduro], a la medida de la estatura de la plenitud de Cristo*

b. (Vrs 14)

　i. *Para que ya no seamos _____fluctuantes, llevados por doquiera de todo viento de doctrina, por estratagema de hombres que para engañar emplean con astucia las artimañas del error,*

c. (Vrs 15)

　i. *Sino que _____ la verdad en amor,*

　ii. *_____ en todo en aquel que es la cabeza, esto es, Cristo,*

d. (Vrs 16)

　i. *De quien todo el cuerpo, bien _____ y _____ entre sí por todas las coyunturas*

　ii. *Que se _____ mutuamente, según la actividad propia de cada miembro*

　iii. *Recibe su crecimiento para ir _____ en amor.*

10. Santiago 4:17 - ¿Qué debe cambiar o hacer en su vida según este versículo? _____

El Crecimiento
del Corazón
del Hombre

El Crecimiento del Corazón del Hombre
(El Crecimiento Cristiano)

Como un bebé recién nacido físicamente debe ganar la nutrición de la leche, así un nuevo convertido debe empezar a comprender las verdades simples de las Escrituras y encontrar la leche espiritual para su nueva vida en Cristo (I Pedro 2:1-3). El nuevo creyente debe ser introducido y aplicar estas verdades a su vida o siempre mantendrá el nivel espiritual de un infante (I Corintios 3:1-2, Hebreos 5:11-14). *(Las preguntas # 1, 2)*

La primera verdad que un nuevo creyente debe conocer a través del estudio de la Biblia, es el cuidado y grandeza de nuestro Dios (II Pedro 1:2-4). Es Dios que lo creó (Salmos 22:10-11, Juan 1:3), es Dios que lo guarda (Salmos 121), es Dios que lo ama (I Juan 4:15-19) y es Dios que le suple para cada necesidad y preocupación (Salmos 103, Mateo 6:25-34). *(Las preguntas # 3, 4, 5, 6, 7)*

Segundo, a un nuevo creyente se le debe enseñar la importancia del estudio incesante de la Palabra de Dios, que es la Biblia (II Timoteo 3:16-17). Por estudiar y escudriñar este Libro crecerá en su vida espiritual (Salmos 1:1-6, 119:9-11, I Pedro 2:1-3). *(La pregunta # 8)*

Tercero, un nuevo creyente se le debe enseñar la importancia de la oración. A través del tiempo de oración un creyente encuentra comunicación y compañerismo con Dios para perdón, consuelo y fortaleza (Mateo 6:5-15, Filipenses 4:6-7, Hebreos 4:14-16, Santiago 4:2-3, Salmos 37:4-5). *(Las preguntas # 9, 10, 11)*

Cuarto, a un nuevo creyente se le debe presentar la importancia de asistir a una iglesia local buena (Hebreos 10:23-25). Es a la iglesia local que Dios le ha ordenado ayudar y animar al creyente para que crezca y madure (Efesios 4:11-16, Hebreos 13:7, 17). *(Las preguntas # 12, 13, 14)*

Quinto, un nuevo creyente debe entender que es una nueva criatura en Cristo y que no sigue la manera del mundo para vivir o pensar (II Corintios 5:17-21, Romanos 6). A demás entender que: *"Ninguno puede servir a dos señores; porque o aborrecerá al uno y amará al otro, o estimará al uno y menospreciará al otro. No podéis servir a Dios y a las riquezas"* (Mateo 6:24, I Juan 2:15-17). *(Las preguntas # 15, 16)*

Cuando un nuevo creyente empieza a entender a Dios a través de las verdades simples de las Escrituras, y las aplica a su vida, puede presentarse a estudios más profundos que son incitados por intereses personales y sus circunstancias de vida. Estudios extendidos por libros Cristianos, estudios de palabras y temas específicos, etc., pueden usarse para ahondar su conocimiento de Dios y la vida cristiana. Estos estudios más profundos pueden ser muy útiles y maduros, pero un nuevo creyente debe ser cauteloso de no agobiarse o confundirse (II Timoteo 2:15). Para evitar la confusión, debe permitir al Espíritu de Dios que lo guíe (Juan 16:13) a través de la oración (Mateo 7:7-8, Santiago 1:5-8) y leer la Biblia versículo por versículo (Salmos 119:9, 11, II Timoteo 3:16-17). También puede buscar la ayuda de otros líderes espirituales como pastores, diáconos, maestros, etc. (Efesios 4:11-16, Tito 2). *(Las preguntas # 17, 18, 19, 20, 21)*

¿Está usted participando en estos cinco pasos para el crecimiento espiritual?

II Timoteo 3:16-17

Toda la Escritura es inspirada por Dios,
y útil para enseñar,
para redargüir,
para corregir,
para instruir en justicia,
A fin de que el hombre de Dios sea perfecto,
enteramente preparado para toda buena obra.

Las Preguntas de Repaso

1. I Pedro 2:1-3 - ¿Cuál es el resultado de beber la leche espiritual (la Biblia)? _____

2. I Corintios 3:1-2 Hebreos 5:11-14 - ¿Cómo es usted si no crece por tomar siempre leche espiritual y no la carne espiritual? _____

3. II Pedro 1:2-4
   2 _____ y _____ os sean multiplicadas, en el _____ de Dios y de nuestro Señor Jesús.
   3 Como ____ las cosas que pertenecen a la ___ y a la _____ nos han sido _____ por su divino poder, mediante el _____ de aquel que nos llamó por su gloria y excelencia,
   4 por medio de las cuales nos ha dado preciosas y grandísimas _____, para que por ellas llegaseis a ser participantes de la naturaleza _____, habiendo huido de la _____ que hay en el mundo a causa de la concupiscencia;

4. Salmos 22:10-11, Juan 1:3 - ¿Quién lo ha hecho y le ha dado vida? _____

5. Salmos 121 - ¿Quién está sosteniéndolo? _____

6. I Juan 4:15-19 - ¿Quién amó primero, Dios o el hombre? _____

7. Salmos 103 - Haga una lista corta de algunas de las bendiciones que ha recibido siendo uno de los hijos de Dios.

    a. _____

    b. _____

    c. _____

    d. _____

    Mateo 6:25-34 - ¿Quién cuidará de sus necesidades, si confía en Él? _____

8. II Timoteo 3:16-17 - Nombre las cuatro cosas para las que la Palabra de Dios se usa.

    a. _____

    b. _____

    c. _____

    d. _____

    (También vea Salmos 1:1-6, 119:911, I Pedro 2:1-3)

    ¿Qué le producirá a usted en su vida espiritual si lee y aplica la Palabra de Dios? _____

    _____

9. Mateo 6:5-15 - Nombre verdades claves enseñadas en este pasaje sobre la oración.
   a. (Vrs 5-6) - _____
   b. (Vrs 7-8) - _____
   c. (Vrs 9-15) - ¿Para qué cosas Jesús oró?
      i. _____
      ii. _____
      iii. _____
      iv. _____
      v. _____
      vi. _____

10. Filipense 4:6-7 - ¿Para qué debe orar? _____
    ¿Cuál es el resultado de dar sus peticiones a Dios?

    _____

    (También vea Hebreos 4:14-16)

11. Santiago 4:2 - ¿Por qué no tiene lo que desea?

    _____

    Santiago 4:3 - ¿Por qué no tiene lo que pide?

    _____

    Salmos 37:4-5 - ¿Cuál es la llave para recibir lo que pide? _____

12. Hebreos 10:23-25 - ¿Qué hicieron algunos que no debieron haber hecho? _____

13. Efesios 4:11-16 - *(Repasar Sección 2, Lección 2, preguntas 6 y 7)*

14. Hebreos 13:7, 17 - ¿Como debes responder al liderazgo espiritual?

    a. _____

    b. _____

    c. _____

    d. _____

    e. _____

15. II Corintios 5:17

    17 De modo que si alguno está en _____, _____ criatura es; las cosas _____ _____; he aquí _____ son hechas _____.

    (También vea II Corintios 5:17-21, Romanos 6)

16. Mateo 6:24, I Juan 2:15-17 - Hay un refrán que dice:

    "Sólo dos opciones en el estante,
    Dios agradable o el ego agradable."

    ¿Qué opción va a escoger? _____

17. II Timoteo 2:15 - ¿Hay alguna vergüenza en estudiar la Palabra de Dios correctamente? _____

18. Juan 16:13 - ¿A qué le guiará el Espíritu Santo y le hará saber a usted? _____

222222222222222

19. Mateo 7:7-8, Santiago 1:5-8 - ¿Qué Dios le promete si usted:
Pide? - _____
Busca? - _____
Llama? - _____

20. Salmos 119:9 - ¿Qué necesita usted para limpiar su vida espiritual? _____
Salmos 119:11 - ¿Qué usted debe hacer con la Biblia para que le impida pecar? _____
_____
II Timoteo 2:15 - ¿Cuál es el mandamiento para usted sobre este versículo en la Biblia? _____
_____

21. Efesios 4:11-16, Tito 2 - ¿Dios usa a otros creyentes para ayudarle a crecer espiritualmente?
_____

la Adoración
del Corazón
del Hombre

La Adoración del Corazón del Hombre
(La Glorificación de Dios)

Un creyente maduro debe reconocer que su propósito principal para estar en la tierra no es hacer su hogar aquí (Hebreos 11:13, I Pedro 2:11), sino para dar alabanza y gloria a Dios (Colosenses 3:16-17, Salmos 9, 18:1-3, 34:1-3, 148,). Adorar a Dios va más allá de simplemente cantar canciones y escuchar los sermones en la iglesia (Efesios 3:21, I Pedro 5:10-11, I Corintios 10:31). El proceso de adorar a Dios es cumplido cada vez que un creyente muestra su debido respeto, obediencia y gloria (alabanza) a Él (Salmos 29:1-2). *(Las preguntas # 1, 2, 3)*

Un creyente debe reconocer primero Quién es Dios. Él es el *"Rey de reyes, y Señor de señores"* (I Timoteo 6:14-16, Apocalipsis 19:11-16). Dios debe ser el Rey designado de la vida de un creyente para que pueda rendirle la adoración propiamente (Deuteronomio 5:7-9, Éxodo 20:3-5). *(Las preguntas # 4, 5)*

Segundo, un creyente debe encontrar a Dios como su Señor y Amo. Ningún hombre puede servir a dos señores (Mateo 6:24, I Juan 2:15-17). Incluso el apóstol Pablo consideró que no fue libre después de su salvación, sino se consideró *"prisionero"* de Cristo (Efesios 4:1, Filemón 1:1). Un sirviente no cuestiona las órdenes o demandas de su señor. Un sirviente (esclavo de la atadura) parece agradar y obedecer solamente a una persona: su Señor. I Corintios 10:31 enseña claramente que un creyente debe dar la gloria a Dios en todo lo que hace (I Corintios 6:19-20). Dios también desea que el creyente exprese su adoración y alabanza a través de la obediencia más que la ceremonia religiosa (I Samuel 15:22-23). Si ha hecho el primer paso de hacer a Dios Rey de verdad, el segundo paso de hacer a Dios su Señor debe ser fácil y natural. *(Las preguntas # 6, 7, 8, 9)*

Tercero, un creyente debe adorar a Dios a través de la alabanza como una expresión exterior por lo que Dios ha hecho por él. Los Salmos mandan, *"cantad alegres a Dios, habitantes de toda la tierra"* (Salmos 100, 103). Dios le dio una canción especial a Israel para ayudar a recordarles Su grandeza y su necesidad de Él (Deuteronomio 31:19-21, 30, 32:1-47, Efesios

5:19-20). Lucas 19:37-40 dice que si Jesucristo no hubiera recibido la alabanza apropiada, las piedras habrían clamado. Pablo y Silas son ejemplos buenos de aquéllos que alaban a Dios de una manera vocal y musical porque sus corazones estaban conectados con Dios (Mateo 12:34-37) mientras estaban bajo gran persecución. En su gran dolor, estos dos sirvientes de Dios Le alabaron por Su amor y cuidado tierno (Hechos 16:19-26, Santiago 1:2-4). *(Las preguntas # 10, 11, 12, 13, 14)*

Es posible que esté pasando por tiempos duros y su vida aparentemente llena de miseria. Para usted, el asunto de la alabanza puede simplemente ser arraigado en su salvación y fe en que Dios todavía lo ama y está sosteniéndolo aunque no puede entender o ver la provisión (Romanos 8:17-18). También debe atesorar la promesa de Dios que llegará un día en que Él elimine toda pena y dolor (Apocalipsis 21:4). *(La pregunta # 15)*

Puede adorar a Dios a través de cada aspecto de su vida simplemente respetando, obedeciendo y alabándolo a Él (Salmos 95:1-11, Romanos 12:1-2). Estas cosas son necesarias para vivir una vida cristiana abundante (Juan 10:10). *(Las preguntas # 16, 17, 18)*

I Corintios 10:31
Si, pues,
coméis o bebéis,
o hacéis otra cosa,
hacedlo todo para la gloria de Dios.

Las Preguntas de Repaso

1. Hebreos 11:13, I Pedro 2:11 - ¿Qué debe ser usted en este mundo? _____

2. Colosenses 3:16-17, Salmos 9, 18:1-3, 148 - ¿Qué le animan a hacer continuamente con la Palabra de Dios? _____
_____

3. Efesios 3:21, I Pedro 5:10-11 - ¿Quién se supone recibe la gloria en la iglesia? _____
I Corintios 10:31 - ¿Cuándo debe hacer las cosas para la gloria de Dios? _____
(También vea Salmos 29:1-2)

4. I Timoteo 6:14-16, Apocalipsis 19:11-16 - ¿Qué significa Rey de reyes y Señor de señores? _____
_____

5. Deuteronomio 5:7-9, Éxodo 20:3-5 - ¿Debe servir a otros dioses? _____

6. ¿Mateo 6:24, I Juan 2:15-17 - ¿A cuántos señores se le puede servir? _____
¿A cuál amo escogerá? _____

7. Efesios 4:1, Filemón 1:1 - ¿Usted está dispuesto a ser prisionero de Jesucristo? ¡Pablo lo consideraba un privilegio! _____

8. I Corintios 6:19-20, 10:31 - ¿Quién debe recibir la gloria en nuestra vida? _____
_____

9. I Samuel 15:22-23 - ¿Cuál es mejor: nuestras adoraciones o nuestra obediencia? _____

10. Salmos 100, 103 - ¿Cómo debe expresar su alabanza a Dios? _____

11. Efesios 5:19-20 - ¿Qué debe cantar para recordar a Dios? _____

   (También vea Deuteronomio 31:19-21, 30, 32:1-47)

12. Lucas 19:37-40 - ¿Qué dice Jesús que podría pasar si Él no recibiera Su alabanza apropiada? _____
_____

13. Mateo 12:34-37 - ¿Qué revela su discurso sobre la condición de su corazón? _____
_____

14. Hechos 16:19-26, Santiago 1:2-4 - ¿Está usted alabando a Dios aun en tiempos difíciles? _____

15. Romanos 8:17-18 - ¿Está mirando su futuro en el cielo o en los sucesos del hoy? _____
(También vea Apocalipsis 21:4)

16. Salmos 95:1-11
1 Venid, _____ alegremente a Jehová; _____ con júbilo a la roca de nuestra salvación.
2 Lleguemos ante su presencia con _____; _____ con cánticos.
3 Porque Jehová es <u>Dios</u> grande, Y ___ grande sobre todos los dioses.
4 Porque en su mano están las profundidades de la tierra, Y las alturas de los montes son suyas.
5 Suyo también el mar, pues él lo hizo; Y sus manos formaron la tierra seca.
6 Venid, _____ y _____; _____ delante de Jehová nuestro Hacedor.
7 Porque él es nuestro ____; Nosotros el ____ de su prado, y ovejas de su mano. Si oyereis hoy su voz,

17. Romanos 12:1-2 - ¿Cuál es su culto racional para Dios? _____
_____

18. Juan 10:10 - ¿Qué tipo de vida Dios desea que usted tenga? _____

SECCIÓN 3

LA INDOCILIDAD ESPIRITUAL DEL CORAZÓN

Salmos 51:7, 10, 12
Purifícame con hisopo, y seré limpio;
Lávame, y seré más blanco que la nieve.
Crea en mí, oh Dios, un corazón limpio,
Y renueva un espíritu recto dentro de mí.
Vuélveme el gozo de tu salvación,
Y espíritu noble me sustente.

La Debilidad
en el Corazón
del Hombre

La Debilidad en el Corazón del Hombre
(El Olvido Espiritual)

La humanidad constantemente está olvidando sus cosas. Por ejemplo, olvidamos donde pusimos nuestras llaves, si pagamos la factura telefónica o podríamos olvidarnos de sacar la basura accidentalmente. Como humanos, estamos sujetos al olvido. Estos olvidos pueden causar problemas menores o mayores con aquéllos alrededor de nosotros. ¿Pero cuán mayor es el problema en olvidarse de Quien lo creó, Salvó y que personalmente da los cuidados para cada uno de nosotros? En Deuteronomio 8:2-3, 11-20 Moisés le advierte a las personas Israelitas constantemente recordar quién Dios es y lo que ha hecho. Pero si se olvidaran, se alejarían hacia otros dioses y por consiguiente serían castigados por Dios. Cuán importante es que el creyente recuerde al Dios que les creó, salvó, y cuida. Si teme a Dios, en la manera en que lo recuerda por Su presencia y Su santidad, nunca vagará de Sus mandatos (Salmos 111:10). *(Las preguntas # 1, 2)*

El proceso de debilitar la vida espiritual empieza con olvidarse de Dios y no usar el poder que nos ha dado a través de Jesús para conquistar el pecado (Romanos 6:1-6, 15-22, I Corintios 10:12-13, Tito 2:11-14). Olvidándose de Dios lleva a un creyente a olvidarse de las cosas que lo mantiene en contacto con Él y descuidar las herramientas espirituales que Dios le ha dado (Efesios 6:10-20). Por ejemplo, algunas de las necesidades olvidadas de una vida cristiana fiel son: la comida espiritual de la palabra de Dios (II Timoteo 3:16-17), la comunicación espiritual de la oración (Filipenses 4:6-7, Santiago 4:1-3), una evaluación incesante y personal de pecados propios con la confesión de éstos (Salmos 32, 51, 119:9-11, 139:23-24, Santiago 1:22-25, Hebreos 4:12, I Juan 1:9, 2:1-2), el compañerismo espiritual y la responsabilidad en la iglesia local (Hebreos 10:23-25, Efesios 4:11-16). *(Las preguntas # 3, 4, 5, 6, 7, 8)*

Dios no da ninguna excusa al creyente para olvidarle. Él le ha advertido a cada creyente que no olvide nunca la maravillosa obra de la salvación que Él había realizado, para salvarlo de su pecado y de su vida vieja (Efesios 2:1-10, II Pedro 1:5-15). Y por esa maravillosa obra de salvación, Dios merece de los creyentes atención y gloria constantes (I Corintios 6:19-20, 10:31). Solamente cuando está recordando a su Señor, Salvador, Dios, Amo, Rey, etc., es que puede guardar su corazón para estar en una buena relación con Él. Porque, cuando Le olvida y su orgullo personal toma Su lugar (Proverbios 3:5-8, 16:18) es que usted está "*. . . tentado, cuando de su propia concupiscencia es atraído y seducido*" (Santiago 1:12-15). *(Las preguntas # 9, 10, 11, 12)*

Santiago 1:19-25 Dios da un proceso en dos partes dirigido a que pueda asegurarse de no olvidarse de Él y Sus mandamientos. Primero, Santiago 1:19-21 presenta una indicación clara que deben ser los oyentes a la "*. . . palabra implantada, la cual puede salvar vuestras almas.*" Constantemente debe confrontarse a las verdades de la Escritura mientras está escuchando en lugar de poner el orgullo personal en superioridad sobre la Escritura. Debe escuchar a Dios humildemente cuando le guía y dirige (Salmos 31:1-3, 32:7-8, 143:10). Segundo, Santiago 1:22-24 dice, "*Pero sed hacedores de la palabra, y no tan solamente oidores, engañándoos a vosotros mismos. Porque si alguno es oidor de la palabra pero no hacedor de ella, éste es semejante al hombre que considera en un espejo su rostro natural. Porque él se considera a sí mismo, y se va, y luego olvida cómo era.*" ¡Cuán perjudicial es para usted escuchar la Palabra de Dios pero entonces se olvida de seguirla y no hace los ajustes a su vida basada en ella! ¿Cuánto sueño espiritual hay en sus ojos o cómo desgreñado está su pelo espiritual por dormir y no cambiar lo que se ha corrido por la noche? Dios promete en Santiago 1:25 que, "*Mas el que mira atentamente en la perfecta ley, la de la libertad, y persevera en ella, no siendo oidor olvidadizo, sino hacedor de la obra, éste será bienaventurado en lo que hace.*" *(Las preguntas # 13, 14, 15, 16)*

¿Ha empezado a ponerse débil en su paseo espiritual? ¿Se ha olvidado de todo lo que Dios ha hecho por usted y el poder sobre el pecado que tiene a través de Él (Romanos 6:6-18)? ¿Ha dejado de escuchar a Dios y Su Palabra? ¿Se ha olvidado de hacer las cosas que ha oído? En ese caso, ¿se arrepentirá de su pecado? Dios le promete Su perdón, porque desea que usted tenga una relación correcta en todo momento con Él (Hebreos 12:4-11, I Juan 1:9). *(Las preguntas # 17, 18)*

Santiago 1:22-25

Pero sed hacedores de la palabra, y no tan solamente oidores,
engañándoos a vosotros mismos.
Porque si alguno es oidor de la palabra
pero no hacedor de ella,
éste es semejante al hombre que
considera en un espejo su rostro natural.
Porque él se considera a sí mismo,
y se va, y luego olvida cómo era.
Mas el que mira atentamente en la perfecta ley,
la de la libertad, y persevera en ella,
no siendo oidor olvidadizo, sino hacedor de la obra,
éste será bienaventurado en lo que hace.

Las Preguntas de Repaso

1. Deuteronomio 8:2-3, 11-20 (11, 18-20) - ¿Qué debe hacer para impedirle pecar? _____
   _____

2. Salmos 111:10 - ¿Cuáles son las bendiciones que provienen de temer y obedecer a Dios?
   10 El principio de la _____ es el temor de Jehová; Buen _____ tienen todos los que practican sus mandamientos; Su <u>loor</u> permanece para siempre.

3. Romanos 6:1-6, 15-22, I Corintios 10:12-13 - ¿Dios quiere que usted continúe pecando después de la salvación? _____
   ¿Dios le da el poder para combatir el pecado? ___
   (También vea Tito 2:11-14)

4. Efesios 6:10-20 - ¿Cuáles son las piezas de la armadura espiritual que los creyentes deben ponerse?

    (Vrs 14) *Ceñidos vuestros lomos con la* _____
    (Vrs 14) *Vestidos con la coraza de* _____
    (Vrs 15) *Calzados los pies con el apresto del*
    _____ *de la* ____
    (Vrs 16) *El escudo de la* ____
    (Vrs 17) *El yelmo de la* _____
    (Vrs 17) *La espada del* _____, *que es la*
    _____ *de Dios*
    ¿Qué debe hacer siempre mientras usa las piezas de la armadura? (Vrs 18-20) _____

5. II Timoteo 3:16-17 - ¿Por qué usted constantemente debe estar leyendo la Palabra de Dios? _____
    _____

6. Filipenses 4:6-7, I Tesalonicenses 5:17-18, Santiago 4:1-3 - ¿Qué le ordena Dios hacer continuamente? _____

7. Santiago 1:22-25 - ¿Cuál cosa está ilustrada como espejo actual, y que debe ser usado para poder ver su pecado? _____
    (También vea Salmos 119:9-11, 139:23-24, Hebreos 4:12)
    I Juan 1:9, 2:1-2 - ¿Qué Dios proporciona cuando le pide perdón? _____
    (También vea Salmos 32, 51)

8. Hebreos 10:23-25 - ¿Por qué debería ser fiel en asistir a la iglesia?
    23 _____ firme, sin fluctuar, la profesión de nuestra _____, porque fiel es el que prometió.
    24 Y considerémonos unos a otros para _____ al _____ y a las buenas _____;
    25 no dejando de congregarnos, como algunos tienen por costumbre, sino _____; y tanto más, cuanto veis que aquel día se acerca.
    (También vea Efesios 4:11-16)

9. Efesios 2:1-10, II Pedro 1:5-15 - ¿Qué usted debe recordar que le impida volver a su vida vieja y al pecado? _____
    _____

10. I Corintios 6:19-20, 10:31 - ¿Qué debe hacer para la Gloria de Dios? _____

11. Proverbios 3:5-8, 16:18 - ¿Qué Dios le ordena no seguir? _____

12. Santiago 1:12-15 - ¿De donde viene la lujuria que le aleja de mirar a Dios y para luego de pecar? __
    _____

13. Santiago 1:19-21 - ¿Qué debe escuchar para impedir que la tentación y pecado controlen su vida? _____

14. Salmos 31:1-3, 32:7-8, 143:10 - ¿Qué debe buscar constantemente? _____

15. Santiago 1:22-24 - Después que oye la Palabra, ¿qué usted debe hacer con lo que ha oído? _____
    _____

16. Santiago 1:25 - ¿Cuál es el resultado de oír y ser hacedor de la Palabra de Dios? _____

17. Romanos 6:6-18 - ¿Está librado del poder del pecado? _____
    ¿Quién lo ha librado del poder del pecado?
    _____

18. Hebreos 12:4-13 - ¿Qué debe causar la disciplina de Dios en usted? _____

    I Juan 1:9 - ¿Qué promesa le hace Dios a usted si sus pecados los reconoce y los confiesa? _____

_____

El Vagar
en el Corazón
del Hombre

El Vagar en el Corazón del Hombre
(La Tentación)

Un hijo de Dios que ha olvidado Quién es Él y Su salvación, empezará a vagar fuera de la naturaleza pura que Dios desea que él tenga (II Pedro 1:8-15, Deuteronomio 6:1-25). Un creyente es similar a un niño que se olvida de que mamá y papá, lo están mirando e intenta robar una galleta del frasco de las galletas. Si hubiera recordado la presencia y autoridad de sus padres, nunca habría intentado hacer algo que supone llevaría al castigo. El pecado en la vida de un creyente viene de estar distraído de Dios. Santiago 1:13-15 da un cuadro claro del proceso que conduce a pecar en la vida de un creyente.

Santiago 1:13-15

Cuando alguno es tentado,
no diga que es tentado de parte de Dios;
porque Dios no puede ser tentado por el mal,
ni él tienta a nadie;
sino que cada uno es tentado,
cuando de su propia concupiscencia es atraído y seducido.
Entonces la concupiscencia,
después que ha concebido,
da a luz el pecado; y el pecado,
siendo consumado, da a luz la muerte.

Primero, cada creyente debe reconocer que esa tentación no viene de Dios. Dios es santo y le desea a Sus hijos que sean santos (Levíticos 11:44, I Pedro 1:13-16). Por consiguiente es Su naturaleza el no tentar a un creyente. *(La pregunta # 1)*

La tentación viene de tres fuentes según Efesios 2:1-3. Este pasaje revela la condición del pecador antes de la salvación y da tres fuentes principales del pecado y la tentación cuando dice, *"Y él os dio vida a vosotros, cuando estabais muertos en vuestros delitos y pecados, en los cuales anduvisteis en otro tiempo, siguiendo la corriente de este mundo [el mundo], conforme al príncipe de la potestad del aire [el Diablo], el espíritu que ahora opera en los hijos de desobediencia [la carne], entre los cuales también todos nosotros vivimos en otro tiempo en los deseos de nuestra carne, haciendo la voluntad de la carne y de los pensamientos, y éramos por naturaleza hijos de ira, lo mismo que los demás."* *(La pregunta # 2)*

Dos de estas fuentes son externas. El mundo, en referencia a la filosofía de vivir del hombre, está alrededor de usted constantemente presentando un cuadro del pecado como una diversión y manera del placer. Estas tentaciones luchan contra Dios que le está advirtiendo que ese pecado sólo es divertido por un momento (Hebreos 11:25). El Diablo también está luchando contra los creyentes para destruirlos (Efesios 6:10-18, I Pedro 5:8). El Diablo no quiere nada más que cada creyente destruya su vida para que ya no pueda ser una luz brillante en este mundo oscuro (Mateo 5:14-16, II Corintios 4:1-4). El mundo y el Diablo trabajan para distraer a los creyentes de su enfoque en Dios siempre. ¿Cuánto más una determinación para quedarse fuera del enfoque en Dios que necesita tener? *(Las preguntas # 3, 4, 5)*

La tercera fuente de tentación siempre está presente en el creyente. Nunca puede esconderlo de Él y nunca le dejará hasta que llegue al cielo. Esta tercera fuente de tentación es su propia carne pecadora. Santiago 1:14 dice *"sino que cada uno es tentado, cuando de su propia concupiscencia es atraído y seducido."* El punto de partida clave de la tentación son los deseos. El deseo de la carne es algo que está fuera de la voluntad de Dios. I Juan 2:16-17 habla de tres principales deseos mundanos que proveen oportunidades a la tentación cuando dice, *"Porque todo lo que hay en el mundo, los deseos de la carne, los deseos de los ojos, y la vanagloria de la vida, no proviene del Padre, sino del mundo. Y el mundo pasa, y sus deseos; pero el que hace la voluntad de Dios permanece para siempre."* La tentación simplemente presenta un deseo impío en su corazón y mente que perturba. A veces las cosas que le tientan no son malas, pero simplemente no es la voluntad de Dios para su vida en ese momento. Por ejemplo, Jesucristo fue tentado por Satanás mientras estaba en el desierto (Mateo 4:1-11). La primera cosa que Satanás usó para tentar a Jesús fue la comida. Comer no es ningún pecado y Jesús tuvo hambre, pero la manera en que Satanás tentó a Jesús para conseguir la comida no era según la voluntad de Dios. Satanás ama presentar las "cosas buenas" como tentación. La tentación debe rechazarse rápidamente y firmemente. Jesucristo respondió muy confiadamente cuando fue tentado por Satanás. Supo que Su fuente de protección de la tentación era la Palabra de Dios (Salmos 119:9, 11) y confió en Su Padre celestial para hacer lo que era mejor (Efesios 6:16). Jesús se refirió a los pasajes de la escritura para combatir cada una de las tentaciones. Los creyentes necesitan memorizar y citar las Escrituras para combatir el proceso de la tentación que lleva a pecar. *(Las preguntas # 6, 7, 8, 9)*

Por favor, entienda que ser tentado no es ningún pecado. Es caer en la tentación lo que es pecado. El mismo Jesucristo se enfrentó a tentaciones externas del propio Satanás. La negativa de Jesús para someterse a la tentación claramente muestra que es el Hijo perfecto de Dios. También, I Corintios 10:13 da la seguridad de que Dios no se olvidará de usted en su tentación, sino está deseoso y capaz para ayudarle a conquistar la tentación (Hebreos 12:1-3, I Juan 5:3-5). *(La pregunta # 10)*

I Corintios 10:13
No os ha sobrevenido ninguna tentación
que no sea humana;
pero fiel es Dios,
que no os dejará ser tentados
más de lo que podéis resistir,
sino que dará también
juntamente con la tentación la salida,
para que podáis soportar.

Las Preguntas de Repaso

1. II Pedro 1:8-15 - Usted debe recordar que Dios le salvó de ¿cuáles cosas? _____ (También vea Deuteronomio 6:1-25)

2. Levíticos 11:44, I Pedro 1:13-16 - ¿Qué Dios le ordena a usted que sea? _____

3. Efesios 2:1-3 - ¿Cuáles son las tres influencias de pecado y tentación?
   a. _____
   b. _____
   c. _____
   (También vea I Juan 2:15-17, Efesios 6:11-12, I Pedro 5:8, Romanos 13:14, Gálatas 5:16-26)

4. Hebreos 11:25 - ¿Por cuánto tiempo las diversiones del pecado duran? _____

5. Efesios 6:10-18, I Pedro 5:8 - ¿Quién está buscando destruir a los creyentes? _____

6. Mateo 5:14-16 - ¿Qué debe usted ser en este mundo oscuro? _____
   II Corintios 4:1-4 - ¿Puede ser una luz en este mundo si está viviendo como el mundo? _____

7. Santiago 1:14 - ¿Qué le atrae a usted para tentarle a pecar? _____

8. I Juan 2:16-17 - ¿Cuáles son los tres deseos malos del mundo?
   a. _____
   b. _____
   c. _____

9. Mateo 4:1-11 - Escribe las tres tentaciones del Diablo para Jesús con su categoría de deseos mundanos que se encuentran en I Juan 2:16.
   a. El deseo de la carne - _____
   b. El deseo de los ojos - _____
   c. La vanagloria de la vida - _____

10. Salmos 119:9, 11 - ¿Qué debe hacer con la Palabra de Dios para ayudarle a impedir el pecado en su vida? _____

11. I Corintios 10:13 - ¿Dios le permite ser agobiado por la tentación? _____
    ¿Le ayudará Dios a encontrar una salida de la tentación si busca Su ayuda? _____
    (También vea Hebreos 12:1-3, I Juan 5:3-5)

La Disciplina del Corazón del Hombre

La Disciplina del Corazón del Hombre
(La Convicción y la Corrección)

Como un niño debe recibir el castigo por la desobediencia a sus padres, así un creyente debe recibir el castigo correctivo de Dios. Hebreos 12:1-13 presenta algunas grandes verdades acerca del asunto del pecado y el castigo de Dios. Versos 1-4 animan a que el creyente no se olvide de todo lo que Dios ha hecho para él y para continuar *"combatiendo contra el pecado."* Sin embargo, el pasaje sigue para ayudarle a entender el resultado de su pecado. El pecado lleva a la muerte (Santiago 1:14-15). Dios no desea que esté cargado con el proceso o resultado del pecado (Romanos 6:1-2, 6-15, I Corintios 15:55-58). Por esa razón, sería necesario que Él le castigue cuando peca para que no siga viviendo en su peligro. *(Las preguntas # 1, 2, 3, 4)*

Dios ha puesto la norma para la santidad y porque Él es Santo, no puede tener compañerismo con la maldad (Habacuc 1:13, I Juan 3:1-3). Debido a esto, Salmos 66:18 dicen, *"Si en mi corazón hubiese yo mirado a la iniquidad, El Señor no me habría escuchado."* Dios no desea que usted esté constantemente fuera de su compañerismo, sino aplica castigo a su vida para ayudarle a que aprenda cómo guardar el compañerismo con Él (Juan 14:15). *(Las preguntas # 5, 6, 7)*

Hebreos 12:5 dice *"y habéis ya olvidado la exhortación que como a hijos se os dirige, diciendo: Hijo mío, no menosprecies la disciplina del Señor, Ni desmayes cuando eres reprendido por él."* Dios entiende que *"es verdad que ninguna disciplina al presente parece ser causa de gozo"* (Hebreos 12:11a). También reconoce la necesidad del hombre por la corrección. El castigo de Dios es una expresión de Su amor porque está intentando enseñarle al creyente a quedarse cerca de Él (Hebreos 12:6). La maldad del hombre lo maneja desde la santidad de Dios así como un niño desea jugar afuera de la protección de la verja. El lugar más seguro para el niño lo provee la verja y el más seguro para un creyente está en el compañerismo con Dios. Así como un padre debe castigar a un niño cuando intenta pasar la verja, Dios debe castigar a uno de sus hijos cuando deja la seguridad de la santidad

(Hebreos 12:7-10). El castigo de Dios debe traer un poco de consuelo porque termina en la convicción y corrección de Dios y uno puede saber que es verdaderamente parte de Su familia. Concluye Hebreos 12:1-11 con versos 12 y 13 que dicen, *"Por lo cual, levantad las manos caídas y las rodillas paralizadas; y haced sendas derechas para vuestros pies, para que lo cojo no se salga del camino, sino que sea sanado"* (Hebreos 12:12-13). Dios quiere mostrarle a usted que le ama a través del castigo. Y por el castigo, le anima a concentrarse en Su santidad, para que esas áreas en su vida que son espiritualmente débiles, puedan sanarse y volver otra vez a su lugar apropiado de obediencia. *(Las preguntas # 8, 9, 10, 11)*

Hebreos 12:6, 11
Porque el Señor al que ama, disciplina,
Y azota a todo el que recibe por hijo.
Es verdad que ninguna disciplina al presente
parece ser causa de gozo, sino de tristeza;
pero después da fruto apacible de justicia
a los que en ella han sido ejercitados.

Las Preguntas de Repaso

1. Lea Hebreos 12:1-13

2. Hebreos 12:1-4 - ¿Porqué debe enfocarse en Jesús como el autor y consumador de su fe?
   a. _____
   b. _____

3. Santiago 1:14-15 - ¿Cuál es el resultado del pecado? _____
   (También vea Santiago 5:19-20, I Juan 5:16-17)

4. Romanos 6:1-2, 6-15, I Corintios 15:55-58 - ¿Dios desea que sea esclavo para pecar después de su salvación? _____

5. I Juan 3:1-3 - ¿Cuál es el resultado en su vida si se enfoca en su relación con Dios? _____
   _____

6. Salmos 66:18, Habacuc 1:13 - ¿Qué pone una barrera entre usted y Dios? _____
   _____

7. Juan 14:15 - ¿Qué produce su amor para Dios?
   _____

8. Hebreos 12:5 - ¿Dios desea destruirlo a usted por disciplina? _____

9. Hebreos 12:6 - ¿Qué le muestra la disciplina de Dios a usted? _____

10. Hebreos 12:1-11 (10-11) - ¿Por qué Dios lo disciplina a usted?

    a. _____

    b. _____

11. Hebreos 12:12-13 - ¿Qué produce una comprensión apropiada considerando la disciplina de Dios?

    a. _____

    b. _____

La **Preocupación** en el Corazón del Hombre

La Preocupación en el Corazón del Hombre
(La Seguridad Eterna)

Un adolescente que ama a sus padres puede tener dudas sobre el amor de éstos después que ha desobedecido y sido castigado. El creyente parece enfrentar este mismo miedo. Dios es su Padre celestial y aquél que Le ama quiere agradarle mucho. Cuando no lo agrada a Él, se descorazona y cuestiona el amor de Dios (II Pedro 1:1-10). Como mencionamos en la lección anterior, la convicción y el castigo de Dios en la vida del creyente que ha pecado es la prueba de Su amor para él. Dios no desea que usted se preocupe en que Él va a rechazarle. I Juan 4:16-19 enseña claramente que el amor de Dios puede darnos confianza en Él (Romanos 8:31-39). No hay necesidad de sentir miedo acerca de la promesa que le ha dado a usted sobre su relación personal con Él y su destino eterno. *(Las preguntas # 1, 2)*

El Dios que le amó antes de su salvación es el mismo Dios amoroso que le guardará después de su salvación. La convicción de su salvación y su seguridad para toda la eternidad debe venir del mismo que le perdonó sus pecados en la salvación (I Pedro 1:3-5). La salvación es un regalo de Dios y Él no le robará lo que le dio. I Juan 5:11-13 dice *"Y este es el testimonio: que Dios nos ha dado vida eterna; y esta vida está en su Hijo. El que tiene al Hijo, tiene la vida; el que no tiene al Hijo de Dios no tiene la vida. Estas cosas os he escrito a vosotros que creéis en el nombre del Hijo de Dios, para que sepáis que tenéis vida eterna, y para que creáis en el nombre del Hijo de Dios."* Juan 10:27-30 expresa muy claramente que aquéllos que han confiado en Jesucristo como su Salvador personal nunca serán apartados de Su cuidado personal. Le promete a los creyentes que son "... *sellados con el Espíritu Santo de la promesa"* (Efesios 1:13-14, I Pedro 1:3-5). El Espíritu Santo podría ser ilustrado como la pega que asegura a un creyente en las manos de Dios. *(Las preguntas # 3, 4, 5, 6)*

El perdón de Dios no sólo está presente en el momento de la salvación, sino continúa a través del resto de su vida. I Juan 1:9 dice, *"Si confesamos nuestros pecados, él es fiel y justo para perdonar nuestros pecados, y limpiarnos de toda maldad"* (Salmos 32, 51). Entienda que si confiesa sus pecados, Dios promete en Su fidelidad y Su justicia, perdonarle. El verso también implica que si reconoce y confiesa sus pecados, Dios limpiará los que ha cometido y los que no ha reconocido. *(Las preguntas # 7)*

El amor de Dios continúa durante todo el tiempo (Romanos 8:36-39). Después de ser salvo Dios no desea que continúe en pecado (Romanos 6). Cuando peque, puede pedirle a Él perdón y como un padre bueno hace con su hijo, Dios quiere abiertamente y totalmente perdonar el mal que haya hecho (I Juan 2:1-2). *(Las preguntas # 8, 9, 10)*

I Juan 2:1-2

Hijitos míos,
estas cosas os escribo
para que no pequéis;
y si alguno hubiere pecado,
abogado tenemos para con el Padre,
a Jesucristo el justo.
Y él es la propiciación por nuestros pecados;
y no solamente por los nuestros,
sino también por los de todo el mundo.

I Juan 5:12-13

El que tiene al Hijo, tiene la vida;
el que no tiene al Hijo de Dios no tiene la vida.
Estas cosas os he escrito a vosotros
que creéis en el nombre del Hijo de Dios,
para que sepáis que tenéis vida eterna,
y para que creáis en el nombre del Hijo de Dios.

Las Preguntas de Repaso

1. II Pedro 1:1-10 - ¿Cuáles son las cosas que tiene que añadir a su vida espiritual? (5-7)
   Fe + _____ + _____ + _____ _____ +
   _____ + _____ + _____ _____+ ____ = la
   vida Cristiana
   ¿Qué le pasa a aquéllos que no se esfuerzan en obedecer a Dios ni aumentan su vida espiritual? (8-9)
   a. *... estar _____ ni sin _____ en cuanto al conocimiento de nuestro Señor Jesucristo.*
   b. *... cosas tiene la vista muy ____; es ____, habiendo _____ la purificación de sus antiguos pecados.*

2. I Juan 4:16-19, Romanos 8:31-39 - ¿Hay alguna razón para temer la pérdida del amor de Dios?
   _____

3. I Pedro 1:3-5 - ¿Quién nos ha dado el regalo que es "... *una herencia incorruptible, incontaminada e inmarcesible, reservada en los cielos para vosotros?*" _____

4. I Juan 5:11-13 - ¿Si ha aceptado a Jesucristo como su Salvador, qué regalo tiene? _____
   ¿Usted puede saber que tiene la vida eterna? ____

5. Juan 10:27-30 - ¿Hay algo que puede arrebatarle de las manos de Dios? _____

6. Efesios 1:13-14, I Pedro 1:3-5 - ¿Quién le ha sellado a usted en la familia de Dios? _____

_____

7. I Juan 1:9 - ¿Le pone Dios un límite de cuándo puede recibir Su perdón por sus pecados? _____ (Salmos 32, 51)

8. Romanos 8:36-39 - ¿Qué cosa puede provocar en Dios para dejar Su amor por usted? _____

9. Romanos 6:1-23 - ¿Dios desea que usted cuente con Su gracia para permitirle pecar libremente?

_____

10. I Juan 2:1-2 - ¿Quién es su fuente de perdón cuándo ha pecado? _____

II Timoteo 3:14-17

Pero persiste tú en lo que has aprendido
y te persuadiste, sabiendo de quién has aprendido;
y que desde la niñez has sabido las Sagradas Escrituras,
las cuales te pueden hacer sabio para la salvación
por la fe que es en Cristo Jesús.
Toda la Escritura es inspirada por Dios,
y útil para enseñar,
para redargüir,
para corregir,
para instruir en justicia,
a fin de que el hombre de Dios sea perfecto,
enteramente preparado para toda buena obra.

¿Comprometerá su vida a Dios hoy?

Por favor no malgaste ni un minuto. Pues no tiene ninguna garantía para mañana.

Los Otros Estudios Bíblicos y Libros disponibles por Los Ministerios de Andando en la PALABRA www.walkinginthewordministries.net

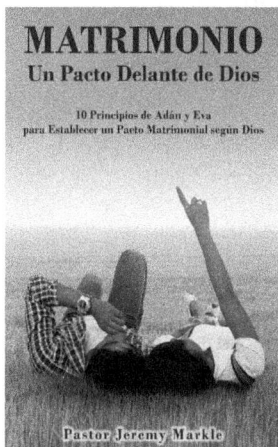

MATRIMONIO
Un Pacto Delante de Dios

10 Principios de Adán y Eva
para Establecer un Pacto Matrimonial según Dios

Pastor Jeremy Markle

Matrimonio: Un Pacto Delante de Dios

Diez estudios y materiales extras
para ayudar a una pareja
a tener un matrimonio bíblico.

La Crianza con Propósito

Seis estudios
sobre la crianza bíblica.
Los primeros tres estudios se enfocan en la
necesidad de los padres
para honrar a Dios con su niño.
Los últimos tres estudios se enfocan en
cómo los padres tienen que representar a
Dios Padre a su niño.

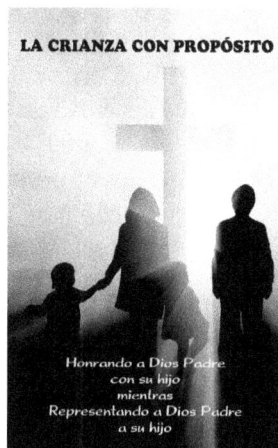

LA CRIANZA CON PROPÓSITO

Honrando a Dios Padre
con su hijo
mientras
Representando a Dios Padre
a su hijo

**La Armadura de Dios
para las Batallas Diarias**
Efesios 6:10-18

La Protección Espiritual
de
Los Ataques Espírituales

La Armadura de Dios para las Batallas Diarias

Un estudio diario
para ayudar a los creyentes
a aprender y aplicar
los recursos espirituales
que Dios el Padre les da
para vivir la vida victoriosa.

Una Guía de Bosquejo para El Camino del Calvario de Roy Hession

Esta guía en forma de bosquejo
fue escrita para mejorar
su capacidad de comprender, recordar,
y aplicar las verdades espirituales
importantes compartidas en
El Camino del Calvario.

Guía de Bosquejo Para Queremos Ver a Jesús de Roy Hession

Esta guía en forma de bosquejo
fue escrita para mejorar
su capacidad de comprender,
recordar, y aplicar
las verdades espirituales importantes
compartidas en
Queremos Ver a Jesús.

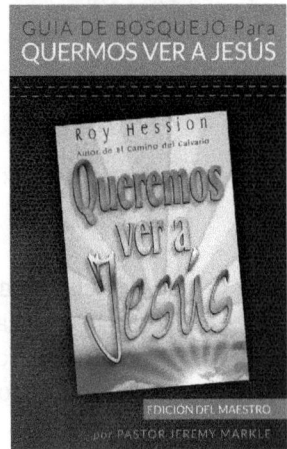

¿Qué dice la Biblia sobre: La Salvación?, El Bautismo?, La Membresía de la Iglesia?

Tres estudios sencillos
para investigar y repasar
la salvación
y los primeros pasos de obediencia
en la vida del creyente.

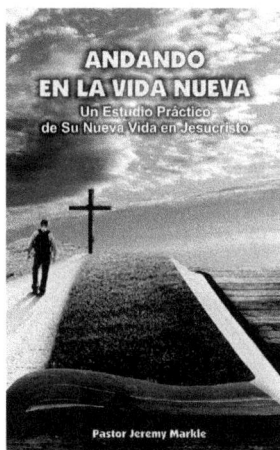

Andando en la Vida Nueva

El propósito de este libro es estudiar las Escrituras para encontrar el verdadero significado de la "Vida Nueva" que se encuentra en Jesucristo y luego descubrir las grandes promesas que cada uno de los hijos de Dios puede disfrutar, así como las grandes responsabilidades que deben cumplir mientras caminan "en vida nueva" (Romanos 6:4).

Una guía de estudio está disponible.

Dios Le CUIDA

Un libro de esperanza bíblica encontrada por reconocer el amor y cuido de Dios en las circunstancias difíciles.

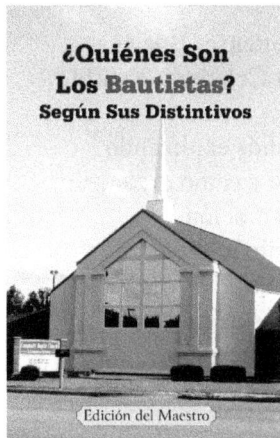

¿Quiénes Son Los Bautistas? Según Sus Distintivos

Un estudio bíblico de las ocho creencias básicas de los Bautistas.

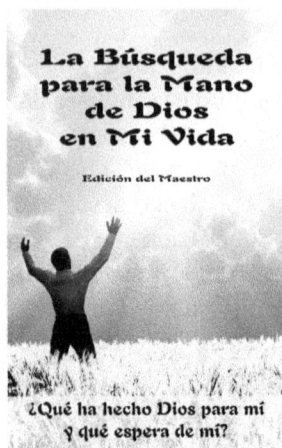

**La Búsqueda
para la Mano de Dios en Mi Vida**

Un estudio de seis temas importantes
para que un creyente pueda ver
el cuidado y la dirección de Dios
en su vida.

**¿La Voluntad de Dios
es un Rompecabezas para Ti?**

Un estudio y formulario bíblico
para encontrar la voluntad de Dios
para su vida.

**Los Componentes Básicos
para una Vida Cristiana Estable**

Cinco estudios explicando
la importancia de y como organizarse
en la oración,
el estudio bíblico,
las verdades bíblicas,
los versículos de memoria,
y la predicación.

.

www.ingramcontent.com/pod-product-compliance
Lightning Source LLC
Chambersburg PA
CBHW061743020426
42331CB00006B/1341